Manfred Mai · Petra Dorkenwald

Die Abenteuer des Odysseus

Die Abenteuer des Odysseus

Neu erzählt von Manfred Mai
Mit Bildern von Petra Dorkenwald

Hase und Igel®

Für Lehrkräfte gibt es zu diesem Buch
ausführliches Begleitmaterial beim Hase und Igel Verlag.

Dieses Buch erschien erstmals 2009
unter dem Titel „Die Irrfahrten des Odysseus“ im Ravensburger Verlag.
Für die vorliegende Fassung wurde es neu illustriert
sowie vom Autor überarbeitet und ergänzt.

Sonderausgabe mit Silbenhilfe

www.hase-und-igel.de
Lektorat: Mira Fischer
Satz: Appel Grafik München GmbH
Druck: Grafisches Centrum Cuno GmbH & Co. KG

ISBN 978-3-86316-071-5
1. Auflage 2020

Inhalt

1. Allein auf dem Meer

Die Sagen vom Trojanischen Krieg und den anschließenden Abenteuern des Odysseus gehören zu den ältesten Geschichten Europas, die auch heute noch gern gelesen werden. Der blinde Dichter Homer soll sie im 8. Jahrhundert vor Christus erzählt haben.

Alles fing damit an, dass der trojanische Prinz Paris Helena begehrte, die schönste Frau der Welt. Die war allerdings schon mit dem griechischen König Menelaos verheiratet. Kurzerhand entführte der verliebte Paris die schöne Helena. Menelaos wollte seine Frau zurückholen und bat die anderen griechischen Könige um Unterstützung. Diese stellten ein Heer zusammen und segelten nach Troja. Zehn Jahre lang belagerten sie die Stadt, aber es gelang ihnen nicht, sie im Kampf zu erobern. Da hatte der listenreiche Odysseus eine Idee: Die Griechen bauten ein riesengroßes Pferd aus Holz, in dessen Bauch dreißig Männer Platz fanden. Dann taten sie so, als würden sie den Kampf aufgeben und nach Hause fahren. Odysseus war überzeugt, die Trojaner würden das Pferd als Zeichen ihres Sieges in die Stadt ziehen. Und das geschah wirklich. In der Nacht stiegen Odysseus und seine Männer aus dem

Bauch des Pferdes und öffneten die Tore für die anderen Griechen. Die richteten ein Blutbad an und brannten Troja nieder.

Dann wollten sie endlich zurück in ihre Heimat. Doch die Götter meinten es nicht gut mit ihnen. Weil die Griechen auch im Tempel Menschen getötet hatten, schickten sie ein gewaltiges Unwetter. Sechs Tage und Nächte tobte der Sturm und versenkte viele Schiffe im Meer. Am Morgen des siebten Tages ging die Sonne auf, als wäre nichts geschehen.

Odysseus, der König von Ithaka, stellte fest, dass elf seiner zwölf Schiffe untergegangen waren. Und von den anderen griechischen Schiffen war weit und breit nichts zu sehen.

„Wo sind wir?“, wollte einer der Männer wissen.

Odysseus konnte ihm keine Antwort geben. Der Sturm hatte sie so weit abgetrieben, dass er die Orientierung verloren hatte.

„Und wie finden wir jetzt den Weg nach Hause?“, fragte ein anderer.

Auch diese Frage konnte der König nicht beantworten. „Aber im Gegensatz zu vielen unserer Gefährten leben wir“, sagte er.

„Fragt sich nur, wie lange noch“, brummte einer von Odysseus’ Männern. „Der größte Teil unserer Vorräte wurde über Bord gespült. Und die Fässer mit dem Trinkwasser sind bis auf eines zerschellt. Wenn wir nicht bald Land entdecken, werden wir alle verhungern und verdursten.“

Odysseus schaute zur aufgehenden Sonne und entschied dann, in die umgekehrte Richtung zu fahren. Weil es beinahe windstill war, setzten sich die Männer an ihre Plätze und ruderten.

Nach einigen Tagen erreichten sie eine Insel. Dort kam es zum Kampf mit den Bewohnern. Den Griechen gelang es, frisches Wasser, Lebensmittel und drei Fässer Wein zu erobern. Die brachten sie aufs Schiff und ruderten schnell davon.

Bald gingen auch diese Vorräte zur Neige und die Stimmung auf dem Schiff wurde immer schlechter. Da rief eines Morgens einer der Männer: „Land! Ich sehe Land!“

Die anderen fuhren aus dem Schlaf hoch und drängten sich um ihn. „Wir sind gerettet!“, jubelten sie und tanzten vor Freude. Sofort setzten sie sich an die Ruder. Wenig später erreichten sie das Ufer.

„Nehmt dieses letzte Fass Wein mit“, sagte Odysseus. „Vielleicht kann es uns als Gastgeschenk dienen.“

2. Unheimliche Spuren

Schon nach wenigen Schritten sahen die Griechen, dass die Insel sehr fruchtbar war. Obstbäume mit vielerlei Früchten gab es ebenso wie Getreide und Reben mit saftigen Trauben. Und bald entdeckten sie Schafe und Ziegen in einem Gehege.

„Also ist die Insel bewohnt“, stellte einer der Männer fest.

Gleich neben dem Gehege befand sich der Eingang zu einer Höhle. Mit gezogenem Schwert ging Odysseus einige Schritte hinein. Drinnen war es düster. Als sich seine Augen an das Halbdunkel gewöhnt hatten, erkannte er ein Lager aus Fellen und Decken. Daneben standen große Körbe voller Käse und Eimer voller Milch. Auf der anderen Seite drängten sich Lämmer und junge Ziegen.

„He, kommt mal alle her!“, hörte Odysseus draußen jemanden rufen.

Vor der Höhle standen seine Gefährten um riesige Fußspuren herum.

„Wenn die von den Hirten stammen, müssen das ja Riesen sein“, murmelte einer.

„Kommt, wir nehmen ein paar Schafe, Ziegen und Obst, so viel wir tragen können“, sagte ein anderer. „Dann verschwinden wir.“

„Nein!“, widersprach Odysseus. „Ich will wissen, wer in dieser Höhle haust.“

Seine Gefährten versuchten, ihren König umzustimmen. Doch ihre beschwörenden Worte stießen auf taube Ohren.

Plötzlich hörten sie hinter sich dumpfe Schritte und gleichzeitig fiel ein riesiger Schatten auf sie. Ohne lange zu überlegen, liefen sie in die Höhle und versteckten sich in der hintersten Ecke. Was sie dann erblickten, nahm ihnen den Atem! Ein Kerl kam herein, der größer war als drei ausgewachsene Männer. Das Schrecklichste an ihm war sein Auge. Es glotzte mitten aus der Stirn und sah zum Fürchten aus. Der Riese trug Feuerholz auf der Schulter und warf es zu Boden. Das krachte so laut, dass es den Griechen in den Ohren dröhnte. Danach ging er wieder hinaus und trieb die Schafe und Ziegen herein. Er melkte die Tiere und trank einen Teil der Milch zu Fladenbrot und Käse. Die restliche Milch verarbeitete er zu neuem Käse.

Als er mit der Arbeit fertig war, machte er ein Feuer. Dann rollte er einen mächtigen Felsblock vor den Eingang und legte sich auf sein Lager.

Das alles beobachteten Odysseus und seine Männer aus ihrem Versteck. Sie hofften, der Riese würde einschlafen, ohne sie zu bemerken. Doch nach einer Weile hob dieser den Kopf. „Mich kitzelt so ein komischer Geruch in der Nase“, grummelte er. „Ein Geruch, den ich nicht kenne.“ Er schnupperte und schaute sich um.

Die Griechen machten sich so klein wie möglich. Aber der Riese entdeckte sie.

„Wer seid denn ihr und wie kommt ihr in meine Höhle?“, rief er mit einer rauen Stimme, die den Männern wie Donnergrollen in den Ohren dröhnte. „Ihr seid wohl Seeräuber, was?“

Odysseus nahm seinen ganzen Mut zusammen und trat vor. „Nein, wir sind keine Seeräuber. Wir sind Griechen auf dem Weg von Troja nach Hause. Aber wir haben uns auf dem Meer verirrt und sind auf dieser Insel gestrandet. Nun bitten wir dich um Gastfreundschaft. Du kennst ja bestimmt das Gebot der Götter, Fremde in Not als Gäste aufzunehmen.“

Der Riese lachte so grässlich, dass sich die Griechen schnell die Ohren zuhielten. „Du bist ein rechter Dummkopf, obwohl du schön reden kannst. Wenn du glaubst, mir mit den Göttern drohen zu können, ist das zum Lachen. Wir Zyklopen kümmern uns nicht um die Götter, weil wir viel stärker sind als sie."

Odysseus wollte etwas entgegnen, kam jedoch nicht dazu.

„Wo liegt denn euer Schiff?", wollte der Zyklop wissen.

„Unser Schiff …" Odysseus stockte. „Es ist an den Klippen zerschellt", log er. „Nur meine Gefährten und ich konnten uns ans Ufer retten."

„Zerschellt", wiederholte der Zyklop. „Das ist gut. So könnt ihr von meiner Insel nicht mehr weg." Er lachte erneut sein grässliches Lachen. „Weißt du, dass noch nie ein Menschlein meine Insel betreten hat?"

„Wenn du es sagst, wird es wohl so sein", antwortete Odysseus.

„Und weißt du auch, was das bedeutet?" Diesmal beantwortete der Zyklop seine Frage selbst: „Ich habe noch nie Menschenfleisch gegessen."

Und bevor Odysseus etwas sagen oder tun konnte, streckte der Riese seine langen Arme aus und packte mit seinen Pranken einen der Gefährten. Der brüllte und wehrte sich mit aller Kraft.

„Lass ihn los!“, schrie Odysseus.

Doch das Ungeheuer achtete nicht darauf und fraß den Mann mit Haut und Haaren. „Mmh“, machte der Zyklop, „ihr schmeckt gut. Viel

besser als alte Schafe und Ziegen." Mit diesen Worten griff er nach einem zweiten Griechen und verspeiste auch den. Nach dem grausigen Mahl löschte er seinen Durst mit einem Eimer Milch. Dann rülpste er kräftig, legte sich nieder und schlief bald ein.

Vorsichtig näherten sich die Männer dem Riesen.

„Ich stoße dieser Bestie jetzt meine Lanze ins Herz", flüsterte ein besonders Mutiger.

Odysseus hielt ihn zurück. „Wenn wir ihn töten, kommen wir nie mehr aus dieser Höhle hinaus." Er zeigte auf den riesigen Stein vor dem Eingang. „Den können wir nicht wegschieben."

„Dieses Ungeheuer wird uns alle fressen", murmelte ein anderer verzweifelt.

3. In der Höhle gefangen

Am nächsten Morgen erwarteten die Griechen ängstlich das Aufwachen des Zyklopen. Zuerst machte er Feuer, dann schaute er sich nach den Männern um. Die drängten sich in die hinterste Ecke. Der Riese packte abermals zwei von ihnen und schlug ihre Köpfe so fest zusammen, dass sie sich nicht mehr rührten. Schmatzend verschlang er sie zum Frühstück.

„Köstlich", brummte er nach einem gewaltigen Rülpser. „Schade, dass ihr nur so wenige seid. Von euch würde ich gern jeden Tag ein paar fressen."

„Die Götter werden dich dafür bestrafen!", rief Odysseus.

„Fängst du schon wieder mit den Göttern an", sagte der Zyklop. „Wo sind sie denn? Warum helfen sie dir und deinen Freunden nicht? Ich will es dir sagen, du Winzling: Weil sie Angst vor mir haben."

Er schob den Felsblock vom Eingang, trieb seine Tiere hinaus und verschloss die Höhle von außen. Die Griechen waren gefangen und jeder wusste, dass er am Abend das nächste Opfer des Zyklopen sein konnte.

„Wir müssen hier raus!“, schrie einer und stemmte sich verzweifelt gegen den Felsblock.

„Hör auf!“, rief Odysseus. „Das ist sinnlos.“

Der Mann sank schluchzend zu Boden.

Odysseus schaute sich in der Höhle um und entdeckte die mächtige Keule des Zyklopen. Sie war so lang und dick wie der Mast eines Schiffes. „Daraus machen wir einen Pfahl“, sagte er.

„Wozu?“, fragte einer.

„Wir haben jetzt keine Zeit zum Reden“, antwortete Odysseus. „Los, an die Arbeit!“

Mit ihren Schwertern schlugen sie aus der Keule einen Pfahl, glätteten ihn und spitzten ein Ende an.

„Gut gemacht!", lobte Odysseus die Männer. „Mit diesem Pfahl werden wir die Bestie blenden. Dabei müssen mir drei von euch helfen."

Alle waren dazu bereit, sodass das Los entschied.

Am Abend kam der Riese mit den Tieren zurück und verrichtete seine Arbeit.

„Jetzt freue ich mich schon auf das köstliche Mahl", sagte er danach und stierte die Männer

mit seinem riesigen Auge an. Zwei von ihnen packte er, tötete und verschlang sie.

Als er nach einem Eimer mit Milch griff, sagte Odysseus: „Wir haben ein Gastgeschenk für dich, ein Fass voll mit süßem Wein. Der schmeckt zu Menschenfleisch viel besser als Milch.“

„Soso“, brummte der Zyklop. „Na, dann lass mich mal davon probieren!“

Zwei Männer füllten einen Eimer mit Wein und Odysseus reichte ihn dem Riesen.

„Trink du zuerst davon!“, befahl der. „Nur für den Fall, dass der Wein vergiftet sein sollte“, fügte er hinzu.

Odysseus trank und der Riese beobachtete ihn genau. Nach einer Weile schien er beruhigt zu sein, nahm den Eimer und leerte ihn. „Ah!“ Er leckte sich die Lippen. „Der schmeckt wirklich gut. Füll mir noch mal nach und sag mir, wie du heißt! Ich möchte dir auch ein Geschenk machen.“

Odysseus überlegte kurz und beschloss, seinen Namen nicht zu verraten. „Ich heiße Niemand“, log er.

Der Zyklop schüttete auch den zweiten Eimer in seinen großen Schlund und verlangte noch einen dritten. „Ich heiße Polyphem und bin der Sohn von Poseidon, dem Gott des Meeres“, nuschelte er. „Nun will ich dir sagen, was dein Geschenk ist, Niemand: Weil du mir den köstlichen Wein gebracht hast, werde ich dich als Letzten verspeisen. Bist du mit dem Geschenk zufrieden?“ Diese Worte lallte er nur noch. Gleich darauf sank er auf sein Lager und fiel in einen tiefen Schlaf.

„Bringt den Pfahl“, flüsterte Odysseus.

Seine drei Gefährten brachten ihn und hielten die Spitze so lange ins Feuer, bis sie glühte. Dann rammten sie dem Zyklopen die glühende Spitze ins Auge. Fürchterlich brüllend fuhr er hoch, riss den Pfahl aus der Wunde, schleuderte ihn von sich und tobte wie ein Wahnsinniger.

Die Zyklopen auf den Nachbarinseln hörten sein Geschrei. „Was ist passiert? Wer hat dir etwas getan?"

„Niemand!", antwortete Polyphem. „Niemand ist in meiner Höhle! Niemand will mich töten!"

Die Zyklopen glaubten, Polyphem sei verrückt geworden, und blieben lieber auf ihren Inseln.

„Das wirst du mir büßen, Niemand!", schrie Polyphem. Der blinde Riese stampfte durch die Höhle und versuchte, die Griechen zu erwischen. Aber er griff immer wieder ins Leere.

Am nächsten Morgen tappte Polyphem schimpfend und jammernd in der Höhle herum.

Die Schafe blökten, die Ziegen meckerten, weil sie Hunger hatten und ins Freie wollten.

„Ja, ja, ich lass euch hinaus", sagte Polyphem. „Ihr armen Dinger könnt ja nichts dafür, dass dieser Niemand und seine Freunde mir das angetan haben."

Er tastete sich durch die Höhle, bis er den Felsbrocken vor dem Eingang fühlte. Vorsichtig schob er ihn ein Stück zur Seite, jedoch nur so weit, dass die Schafe und Ziegen einzeln hinausmussten.

Dann kniete er sich auf den Boden und tastete die Tiere ab, um zu prüfen, ob keiner der Männer darauf sitze.

Da flüsterte Odysseus seinen Gefährten zu: „Schnell, sucht euch die kräftigsten Widder aus und krallt euch an ihren Bäuchen fest.“

Die Griechen taten, was ihr König sagte, und es glückte. Polyphem bemerkte sie nicht. Als alle

im Freien waren, trieben sie die Widder zum Schiff. Dort setzten sich die Männer sofort an die Ruder, um schleunigst von der Insel wegzukommen.

Kaum waren sie in Sicherheit, packte Odysseus der Übermut. Er formte seine Hände zu einem

Trichter und rief: „He, Polyphem! Wir sind nicht mehr in deiner Höhle, sondern auf dem Weg nach Hause. Du aber hast die Strafe dafür erhalten, dass du sechs unserer Gefährten verspeist hast!“

Als der Zyklop das hörte, raste er vor Zorn. Er griff um sich, erwischte einen Felsblock, stemmte ihn hoch und warf ihn in Richtung Schiff. Der Block verfehlte sein Ziel nur knapp, schlug jedoch gewaltige Wellen, die das Schiff beinahe zum Kentern brachten.

Kaum hatte sich das Meer beruhigt, schrie Odysseus: „Höre, Zyklop …“

„Sei still!“, riefen seine Gefährten, die fürchteten, ein zweiter Wurf könnte sie treffen.

Doch ihr König ließ sich nicht bremsen. „Wenn dich jemand fragt, wer dir das Augenlicht genommen hat, dann sage nicht ‚Niemand‘, sonst wirst du ausgelacht. Es war Odysseus, der König von Ithaka, der dich geblendet hat!“

Dass Odysseus dem Zyklopen im Übermut seinen Namen verriet, war ein großer Fehler.

Polyphem rief sofort: „Vater Poseidon, höre mich! Odysseus hat mich geblendet, mich, deinen Sohn! Ich bitte dich, bestrafe ihn dafür!“

Und Poseidon hörte sein Flehen. Durch zahlreiche Stürme und Hindernisse sorgte er dafür, dass Odysseus und seine Gefährten jahrelang nicht nach Hause kamen.

4. Die Zauberin Circe

Eines Morgens sahen die Griechen endlich wieder Land vor sich, unbekanntes Land. Als sie eine Bucht ansteuerten, entdeckten sie aufsteigenden Rauch.

„Lass uns weiterfahren“, baten die Männer ihren König. „Wir wollen nicht noch einmal in die Hände eines Zyklopen oder eines anderen Ungeheuers fallen.“

„Ich verstehe euch“, sagte Odysseus. „Aber unsere Vorräte gehen zur Neige. Wir müssen an Land.“

Also warfen sie den Anker. Odysseus teilte die Männer in zwei Gruppen ein. Die eine führte er selbst, die andere der getreue Eurylochos. Das Los entschied, dass Odysseus' Gruppe beim Schiff bleiben sollte, während Eurylochos mit seiner Gruppe an Land ging, um die Gegend auszuspähen. Bald stießen sie auf ein schönes, großes Haus, aus dessen Kamin der Rauch aufstieg.

„Was tun wir jetzt?“, fragte einer.

„Wir schleichen uns näher ran, damit wir sehen können, wer dort lebt“, antwortete Eurylochos.

„Sollen wir nicht lieber die anderen holen?“

Eurylochos schüttelte den Kopf.

Nach wenigen Schritten blieb er plötzlich stehen und deutete nach vorn. Auf der Wiese vor dem Haus trotteten Löwen und Wölfe herum.

„Schnell weg!“, flüsterte einer.

Doch bevor die Männer sich zurückziehen konnten, waren sie von den Tieren umringt. Die wirkten allerdings überhaupt nicht gefährlich, sondern zutraulich wie zahme Hunde.

„Oh, wir haben Besuch“, sagte eine wunderschöne Frau, die eben aus dem Haus trat. „Kommt herein, damit ich euch bewirten kann.“

Die hungrigen Männer ließen sich nicht zweimal bitten. Bis auf Eurylochos, der dem Frieden nicht traute, folgten alle der schönen Frau ins Haus. Ihre Dienerinnen brachten Brot, Käse, Honig und Wein. Die Griechen griffen kräftig zu. Sie ahnten nicht, dass die Speisen ganz besondere Kräuter enthielten. Mit jedem Bissen und jedem Schluck wurden ihre Sinne benebelter. Die schöne Frau berührte die Männer mit einem Stab und augenblicklich verwandelten sie sich in borstige Schweine.

„So gefallt ihr mir viel besser", sagte sie lachend.

Ihre Dienerinnen trieben die grunzenden und quiekenden Schweine mit Ruten in den Stall.

Eurylochos hatte alles beobachtet und rannte nun zum Schiff zurück. Dort berichtete er atemlos, was vorgefallen war.

„Zeig mir den Weg zu dem Haus!", befahl Odysseus.

„Bleib hier! Sonst verwandelt sie auch dich in ein Schwein", bat Eurylochos.

Aber Odysseus ließ sich nicht zurückhalten. Unterwegs begegnete ihm Hermes, der Götterbote.

„Halt mich nicht auf!", sagte Odysseus entschlossen. „Ich muss meine Gefährten erlösen."

„Ach, Odysseus", seufzte Hermes. „Danke den Göttern, dass ich gekommen bin. Sonst würde die Zauberin Circe dich auch in ein Schwein verwandeln." Er gab Odysseus eine schwarze Wurzel. „Die wird dich vor Circes Zauber schützen. Wenn sie dich mit ihrem Zauberstab berührt, dann ziehe dein Schwert, als wolltest du sie töten. Lass sie schwören, dass sie dir nichts antun und deine Gefährten erlösen wird."

Mit diesen Worten entschwand Hermes und Odysseus eilte weiter.

Circe empfing ihn freundlich und ließ Speisen und Wein auftragen. Kaum hatte Odysseus davon gekostet, berührte sie ihn mit dem Zauberstab und rief: „Fort mit dir in den Schweinestall!"

Da tat Odysseus, was ihm Hermes gesagt hatte.

Circe fiel vor ihm auf die Knie. „Noch niemals konnte ein Sterblicher meinem Zauber widerstehen. Du musst Odysseus sein. Der Götterbote Hermes hat mir prophezeit, du würdest kommen und meine Zauberkraft überwinden."

„Ich bin Odysseus, König von Ithaka. Und nun erlöse meine Gefährten!“

Die Zauberin ließ die Schweine aus dem Stall holen und bestrich sie mit Zaubersaft. Aus den Schweinen wurden wieder Männer, die jünger und schöner waren als zuvor.

„Jetzt habe ich dir einen Gefallen getan“, sagte die schöne Zauberin. „Tu du mir nun bitte auch einen.“

„Welchen?“, fragte Odysseus.

„Bleib mit deinen Gefährten für einige Zeit bei mir. Meine Dienerinnen und ich werden euch verwöhnen.“

„Aber nur, wenn du uns nicht mehr in Schweine oder andere Tiere verwandelst“, sagte einer der Männer.

„Versprochen!“, antwortete Circe lächelnd.

Die Griechen kehrten zu ihrem Schiff zurück, um die Meinung ihrer Gefährten zu hören. Bis auf Eurylochos waren alle dafür, das Angebot der Zauberin anzunehmen. Und weil es ihnen hier sehr gut ging, blieben sie ein ganzes Jahr. Doch dann wurde die Sehnsucht nach Ithaka so stark, dass sie ihr Schiff wieder flottmachten.

5. Der Gesang der Sirenen

Nach weiteren gefährlichen Abenteuern segelten die Griechen auf dem richtigen Kurs und näherten sich endlich ihrer Heimat.

Da hörten sie eines Tages von einer kleinen Insel lieblichen Gesang. „Das sind die Sirenen!“, rief Odysseus. Vor diesen Wesen hatte Circe ihn gewarnt. Sie sangen so betörend schön, dass sie mit ihrem Lied alle Seefahrer zu sich lockten und dann töteten. Odysseus befahl seinen Gefährten, sich die Ohren mit Wachs zu verstopfen. Ihn selbst sollten sie am Mast festbinden.

„Warum das?“, wollte einer wissen.

„Damit ich den Gesang der Sirenen hören kann. Ihr aber rudert, so schnell ihr könnt! Und bindet mich auf keinen Fall los, egal, was passiert!“

Die Männer taten, was ihr König verlangte.

Als sie dicht an der Insel vorbeifuhren, sangen die Sirenen so bezaubernd, dass Odysseus eine nie gekannte Sehnsucht im Herzen spürte. Er zerrte an den Fesseln und rief: „Bindet mich los! Hört ihr nicht? Ich will zu den Sirenen! Rudert sofort zu der Insel! Das ist ein Befehl!“

Trotz des Wachses in ihren Ohren hörten die Männer ihren König. Er schrie immer lauter und riss mit ganzer Kraft an den Fesseln. Da kam Eurylochos und band seinen König noch fester an den Mast.

„Ich bring dich um!“, schrie Odysseus. „Wenn du mich nicht auf der Stelle losbindest, bring ich dich um, du Hund!“ Er fletschte die Zähne wie ein wildes Tier und schnappte nach seinem treuesten Gefährten.

Doch den kümmerte das alles wenig. Er ließ Odysseus nicht aus den Augen. Nach einiger Zeit wurde der König von Ithaka ruhiger und seine Gesichtszüge entspannten sich. Daraus schloss Eurylochos, dass die Sirenen nicht mehr zu hören waren. Er nahm das Wachs aus den Ohren und lauschte.

„Geschafft“, keuchte Odysseus erschöpft. „Wir haben es geschafft. Ich danke dir, dass du mich nicht losgebunden hast, Eurylochos. Und ich bitte dich um Entschuldigung.“

„Schon gut, du konntest ja nichts dafür“, sagte er nur und löste die Fesseln.

Die Fahrt ging weiter und die Stimmung der Männer wurde immer besser, je näher sie ihrer Heimat kamen. Doch Odysseus wusste von Circe, dass noch einige Gefahren lauerten.

Bald sahen sie die hoch aufbrausende Gischt in einer Schlucht zwischen zwei Felsen. Im Felsen zu ihrer Linken hauste Skylla, ein Ungeheuer mit sechs Hundeköpfen, in einer Höhle. Unter dem rechten Felsen quoll Charybdis, ein gefährlicher Strudel, hervor. Er verschlang jedes Schiff.

Die Männer ließen vor Schreck ihre Ruder los. „Da kommen wir niemals durch", sagten sie. „Wir müssen sofort umkehren!"

Odysseus sprach ihnen Mut zu: „Denkt daran, welche Gefahren wir schon überstanden haben! Schlimmer als in der Höhle des Zyklopen kann es nicht sein. Und auch aus ihr sind wir schließlich entkommen!"

Die Männer zögerten noch immer.

„Ich will genauso wenig sterben wie ihr", redete Odysseus weiter. „Wir wollen alle so schnell wie möglich nach Hause. Deswegen müssen wir durch diese Schlucht fahren."

Eurylochos nickte.

Trotz ihrer Angst ergriffen die Männer ihre Ruder und legten sich kräftig in die Riemen.

„Lenke das Schiff nah an den Felsen, damit wir nicht in den Strudel geraten!", rief Odysseus dem Steuermann zu.

Mit voller Kraft fuhren sie in den immer enger werdenden Meeresschlund hinein. Charybdis zischte und gurgelte gefährlich. Mit großem

Können gelang es dem Steuermann, den tödlichen Strudel zu umschiffen. Während alle wie gebannt in das tosende Wasser starrten, schnellte plötzlich Skylla aus der Höhle hervor. Blitzartig schnappte das Ungeheuer mit seinen sechs Hundemäulern sechs Männer und verschlang sie. Aber damit war sein Hunger noch nicht gestillt. Wieder schossen die Köpfe nach vorn, erreichten jedoch nur die beiden letzten Ruder und zerbissen sie. Das Schiff war in Sicherheit.

Die Männer an den Rudern hatten alles gegeben und hingen nun ermattet auf ihren Plätzen. Sie konnten es noch gar nicht fassen, dass sie Skylla und Charybdis hinter sich gelassen hatten. Doch sie beklagten das Schicksal ihrer sechs Gefährten.

6. Alles verloren

Nachdem sie sich einigermaßen erholt hatten, segelten die Griechen weiter. Als sie sich einer Insel näherten, hörten die Männer das Gebrüll von Rindern. Odysseus wusste von Circe, dass dies die heiligen Rinder des Sonnengottes Helios waren.

„Lasst uns zu der Insel fahren, dort gibt es saftigen Rinderbraten!“, rief einer.

Odysseus erzählte seinen Gefährten, dass Circe ihm geraten habe, diese Insel nicht zu betreten.

„Du bist grausam“, sagte Eurylochos. „Es wird bald dunkel, wir sind alle hungrig und müde. Aber du willst uns keine Ruhe gönnen.“

Odysseus sah die erschöpften Männer und gab nach. Doch er ließ sie schwören, keines der heiligen Rinder zu töten. Und die Männer schworen es.

Auf der Insel bereiteten sie ein Mahl aus ihren restlichen Vorräten und den frischen Früchten, die an den Bäumen hingen. Nachdem sie gegessen hatten, schliefen alle ein.

Am nächsten Morgen hatte sich der Wind gedreht. Daran änderte sich auch in den folgenden Tagen nichts. So saßen sie auf der Insel fest. Bald hatten es die Männer satt, nur Früchte, Beeren, Kräuter und Fische zu essen. Schließlich gab es hier ja viele wohlgenährte Rinder! Odysseus ahnte die Gedanken seiner Gefährten und achtete darauf, dass sie den Rindern nicht zu nah kamen. Doch irgendwann war er so müde, dass er einschlief. Das nutzten die Männer aus. Sie fingen ein paar Rinder ein, schlachteten sie und brieten das Fleisch über dem Feuer.

Odysseus erwachte, weil ihn der Bratenduft in der Nase kitzelte. Er sprang auf, lief zu den Männern und schimpfte: „Oh, ihr Narren! Das wird Helios uns alle büßen lassen!“

„Er hat doch noch genug Rinder“, entgegnete Eurylochos. „Auf zwei, drei weniger kommt es ihm bestimmt nicht an.“

„Halt den Mund!“, schrie Odysseus. Er warf sich auf die Knie und flehte die Götter um Gnade.

Aber Helios, der alles beobachtet hatte, verlangte von Zeus, die Freveltat zu rächen. Und der Göttervater versprach ihm, das Schiff mitsamt den Griechen im Meer zu versenken.

Nach sieben Tagen kam günstiger Wind auf. Kaum hatten die Männer die Segel gesetzt und die Insel verlassen, verdunkelte sich der Himmel. Ein gewaltiges Unwetter brach los. Zeus schleuderte einen Blitz, der das Schiff in der Mitte spaltete. Die Männer stürzten ins Meer und ertranken. Nur Odysseus konnte sich auf einem Stück Holz über Wasser halten und blieb am Leben. Denn er hatte sich am Schlachten der heiligen Rinder nicht beteiligt.

Nun hatte Odysseus auch seine letzten Gefährten verloren. Allein und ohne Hoffnung trieb er auf dem Meer.

Nach zehn Tagen wurde er mehr tot als lebendig an die Küste einer Insel gespült. Es war die Insel Ogygia, auf der die Nymphe Kalypso lebte.
Sie nahm den Schiffbrüchigen freundlich auf und pflegte ihn, bis er wieder bei Kräften war. Odysseus gefiel ihr und sie verliebte sich in ihn. Doch er wollte nicht auf der einsamen Insel bei Kalypso bleiben, sondern endlich heim nach Ithaka. Tagelang saß er am Strand und starrte aufs Meer.

„Warum willst du weg?“, fragte ihn Kalypso. „So gut wie bei mir geht es dir nirgendwo.“

Odysseus sagte nichts. Er hatte ihr schon mehrmals erklärt, warum er nach Hause wollte, aber es hatte nichts genützt. Sie hielt ihn hier gefangen und es gab keine Möglichkeit, gegen ihren Willen die Insel zu verlassen.

Sieben lange Jahre verbrachte Odysseus bei Kalypso. Sein Heimweh und seine Sehnsucht nach seiner Frau und seinem Sohn wurden so stark, dass er oft todtraurig war.

Da sah ihn die Göttin Athene, die ihm schon während des Trojanischen Krieges beigestanden hatte. Er tat ihr leid und sie setzte sich bei Zeus für ihren Schützling ein. „Odysseus ist schwermütig und krank“, sagte sie. „Zuerst hat Poseidon verhindert, dass er Ithaka erreichte. Und nun hält Kalypso ihn auf ihrer Insel gefangen. Bald zwanzig Jahre ist Odysseus fern von zu Hause. Bitte befiehl du Kalypso, ihn freizulassen, damit er endlich zu seiner Frau und seinem Sohn heimkehren kann.“

„Ich verstehe deinen Wunsch“, erwiderte Zeus. „Aber das muss gut überlegt sein. Du weißt, dass

Poseidon ihm immer noch zürnt, weil er Polyphem geblendet hat …“

„Ja, schon …“

Zeus hob die Hand. „Ich werde den Götterrat einberufen – wenn Poseidon in fernen Ländern ist. Mehr kann ich für Odysseus nicht tun.“

„Danke“, sagte Athene.

Der Götterrat beschloss einstimmig, dass Kalypso Odysseus ziehen lassen musste.

Hermes wurde beauftragt, ihr den Beschluss zu überbringen.

Die Botschaft machte sie traurig. Dennoch ging sie zu Odysseus und sagte: „Ich darf dich nicht länger gegen deinen Willen bei mir halten, du bist frei. Du kannst ein Floß bauen und nach Hause fahren. Was du dafür brauchst, sollst du bekommen."

Odysseus freute sich unsagbar über diese Worte und begann sofort mit der Arbeit. Er baute ein großes Floß mit Segelmast und Steuerruder. Zuletzt versorgte Kalypso ihn mit reichlich Essen und Trinken. Dann wünschte sie Odysseus eine gute Fahrt und schaute ihm wehmütig hinterher.

7. Bei den Phäaken

Einige Tage blies ein leichter Wind das Floß in Richtung Griechenland. Odysseus glaubte schon, er würde Ithaka ohne Zwischenfall erreichen. Da erfuhr Poseidon, dass der Götterrat ohne ihn beschlossen hatte, seinen verhassten Feind nach Hause zu lassen. Wütend schickte er einen gewaltigen Sturm, der das Meer aufpeitschte. Odysseus konnte sich nicht lange auf dem Floß halten und stürzte ins Wasser. Poseidon hätte ihn am liebsten ertränkt, doch er wusste, dass er das nicht durfte. Ein Beschluss des Götterrats war auch für ihn bindend. So konnte er die Heimkehr von Odysseus zwar noch einmal hinauszögern, aber nicht mehr verhindern.

Odysseus wurde erneut auf eine Insel geschwemmt. Sie hieß Scheria und war die Heimat der Phäaken. Athene sorgte dafür, dass sie den Schiffbrüchigen freundlich aufnahmen. Ihr König Alkinoos gab am Abend ein Fest für den fremden Gast. Dabei trat auch ein alter Sänger auf. Er erzählte vom Trojanischen Krieg und vom klugen Odysseus, der sich die List mit dem hölzernen

Pferd ausgedacht und den Griechen damit zum Sieg verholfen hatte. Was aus ihm geworden sei, würden nur die Götter wissen, denn der tapfere Held sei nicht nach Ithaka zurückgekehrt.

Als Odysseus das hörte, wurde ihm schwer ums Herz. Er verbarg das Haupt in seinem Gewand, damit niemand sah, dass er weinte.

Doch König Alkinoos bemerkte es, gebot dem Sänger zu schweigen und sagte zu Odysseus: „Das Lied hat dich zu Tränen gerührt. Verrate uns deinen Namen, damit wir wissen, wer du bist."

Odysseus wischte die Tränen weg und antwortete: „Ich bin Odysseus, König von Ithaka, von dessen Taten der Sänger berichtet hat."

Alle Anwesenden waren so überrascht, dass ihnen der Atem stockte.

Odysseus erzählte, wie es ihm seit der Abfahrt von Troja ergangen war. Die Phäaken lauschten staunend und tief ergriffen.

Nachdem er geendet hatte, sagte Alkinoos: „Du bist der edelste Gast, den mein Haus je beherbergen durfte. Was ich tun kann, damit du endlich dein Land und deine Liebsten wiedersiehst, will ich von Herzen gern tun."

Gleich am nächsten Tag ließ er ein Schiff zum Auslaufen vorbereiten. Dankbar und reich beschenkt trat Odysseus die Heimreise an. Ohne Zwischenfälle näherte sich das Schiff der Küste Ithakas. Doch das sah Odysseus nicht, denn er schlief auf einem weichen Lager, das die Phäaken ihm bereitet hatten. Behutsam trugen sie den König von Ithaka an Land und stellten die Geschenke neben ihn. Dann gingen sie leise wieder zum Schiff und fuhren zurück.

8. Heimkehr nach Ithaka

Bald darauf erwachte Odysseus. Er schaute sich um, erkannte sein Heimatland jedoch nicht. Angst überkam ihn, Poseidon habe ihn erneut an eine fremde Küste gespült, wo hinter jedem Strauch Gefahren lauerten. Da erst sah er die Geschenke der Phäaken und beruhigte sich. Diese freundlichen Menschen hatten ihr Wort gehalten und ihn samt den Geschenken hierhergebracht. Also musste das Ithaka sein.

Noch während er überlegte, was er nun tun sollte, näherte sich die Göttin Athene. Odysseus fragte, wo er sei.

Athene gab sich ihm zu erkennen und sagte: „Deine Irrfahrten sind zu Ende. Du stehst auf dem Boden deiner Heimat Ithaka."

Odysseus sank auf die Knie und dankte ihr.

Athene fuhr fort: „Weil du nach dem Sieg über Troja nicht zurückgekehrt bist, glaubten deine Landsleute, du wärst tot."

„Dann werde ich jetzt …"

„Langsam, langsam, Odysseus", bremste ihn Athene. „Niemand darf etwas von deiner Rück-

kehr erfahren. Du musst dir erst ein Bild von den Zuständen in deinem Haus machen. Dazu gehst du am besten zu deinem treuesten Untertan, dem Schweinehirten Eumaios. Er wird dir sagen, was du wissen musst und auf wen du zählen kannst."

Damit Odysseus nicht erkannt wurde, verwandelte Athene ihn in einen armseligen Bettler. Nachdem er die Geschenke der Phäaken in einer Grotte versteckt hatte, machte Odysseus sich auf den von der Göttin beschriebenen Weg.

Eumaios erkannte den armen Wanderer nicht, aber er gab ihm zu essen und zu trinken.

Odysseus fragte, ob er etwas über den König und seine Familie wisse. Da wurde Eumaios traurig und erzählte, König Odysseus sei seit zehn Jahren verschollen. Seither würden hochmütige und habgierige Fürsten im Königshaus ein- und ausgehen. Jeder dränge Penelope zur Heirat, weil jeder König werden wolle.

„Hat sie …“

„Nein, Penelope war ihrem Ehemann bis zum heutigen Tag treu und wartet auf ihn.“

„Sie muss nicht mehr lange warten“, murmelte Odysseus.

„Was hast du gesagt?“

„Der König von Ithaka lebt und wird bald heimkehren“, antwortete Odysseus.

„Schön wär's“, sagte Eumaios. Er glaubte, der Fremde wolle ihn mit diesen Worten nur trösten.

Odysseus fragte nach dem Sohn des Königs. „Weißt du, wie es ihm geht?“

Eumaios nickte. „Telemach hilft seiner Mutter, so gut er kann. Seit einiger Zeit ist er unterwegs und versucht, eine Spur von seinem Vater zu finden.“

Zum ersten Mal huschte ein kleines Lächeln über Odysseus' Gesicht.

Während die beiden redeten, aßen und schliefen, war Athene auf dem Weg nach Sparta. Dort traf sie Telemach und sagte ihm, er solle sich auf den Heimweg machen. „Aber sei vorsichtig. Einige der Verehrer deiner Mutter trachten dir nach dem Leben. Wenn du in Ithaka bist, gehe nicht nach Hause, sondern erst zu dem Schweinehirten Eumaios. Du weißt, er ist deinem Vater und dir treu ergeben."

Telemach befolgte den Rat und stand bald vor Eumaios' Hütte.

Drinnen saßen der Schweinehirt und sein Gast gerade beim Frühstück. Telemach öffnete die Tür und trat ein. Eumaios starrte ihn einen Augenblick lang ungläubig an, dann sprang er auf und umarmte ihn. „Wie gut, dass du wieder da bist, Telemach. Komm herein und setz dich."

Odysseus' Herz klopfte heftig. Dieser stattliche junge Mann war also sein Sohn. Am liebsten hätte er ihn an sich gedrückt, aber er dachte an seine Verkleidung und hielt sich zurück.

„Ah, du hast Besuch“, wandte sich Telemach an Eumaios. „Wer ist der Mann?“

„Ein Bettler auf dem Weg zum Königshof, um eine Gabe zu erbitten.“

„Den Weg kannst du dir sparen, Fremder“, sagte Telemach. „Dort treiben hartherzige Freier ihr Unwesen. Die geben dir höchstens eine Tracht Prügel.“

Odysseus wollte sich erheben, um Telemach Platz zu machen.

„Bleib nur sitzen“, sagte dieser freundlich und winkte Eumaios zu sich, denn er wollte etwas mit ihm bereden.

Von den beiden unbemerkt erschien Athene und flüsterte Odysseus ins Ohr: „Es ist nun Zeit, deinem Sohn zu sagen, wer du bist.“ Sie berührte ihn mit ihrem goldenen Stab und aus dem gebeugten alten Bettler wurde ein kräftiger Mann mit schwarzen Haaren und glatter Haut, der königliche Kleider trug.

Als Telemach sich umwandte, traute er seinen Augen nicht. „Du … du bist ja völlig verändert … ein ganz anderer. Wie ist das möglich? Du musst ein Gott sein.“

„Nein, ich bin kein Gott“, erwiderte Odysseus. „Ich bin dein Vater.“

„Mein Vater?“, fragte Telemach zweifelnd.

Odysseus nickte. „Ja, dein Vater, den du schon zwanzig Jahre vermisst. Glaube mir, mein Sohn, ich bin's wirklich.“ Mit diesen Worten erhob er sich und schloss Telemach in die Arme.

Beide weinten heiße Tränen.

Dann schmiedeten sie einen Plan, wie sie gegen die Freier vorgehen wollten: Zuerst sollte

Telemach nach Hause zurückkehren und sich so verhalten, als wäre nichts geschehen. Odysseus würde ihm in der Gestalt des Bettlers folgen und sich selbst ein Bild von den Zuständen am Königshof machen. Auf sein Zeichen sollte Telemach heimlich die abgelegten Waffen der Freier verstecken. Wenn das geschehen war, würden sie zuschlagen und die Männer töten.

Telemach hatte noch Bedenken. „Es sind nicht nur zehn oder zwanzig Gegner, sondern viel mehr, und wir sind nur zwei."

„Aber wir haben die Göttin Athene auf unserer Seite", erwiderte Odysseus. „Und jetzt mach dich auf den Weg, mein Sohn. Doch vergiss nicht: Zu niemandem ein Wort, dass ich lebe, auch zu deiner Mutter nicht!"

9. Die Rache

Am nächsten Tag folgte Odysseus seinem Sohn. Sein Herz schlug heftig, als er an der Seite von Eumaios den Königshof betrat. Niemand beachtete den armseligen Bettler, der sich neben der Tür zum Saal niederhockte. Drinnen saßen die Freier beim Essen. Ein Spielmann unterhielt sie mit seiner Harfe.

Nach einer Weile erhob sich Odysseus und ging durch den Saal, um die Freier zu prüfen. Er bat sie um ein Stück Brot, doch die meisten gaben nichts und schimpften, er solle verschwinden. Antinoos, der schlimmste von allen, schlug gar mit dem Fußschemel nach ihm. Als Telemach das sah, konnte er sich nur mit Mühe beherrschen.

Während Odysseus die Schmähungen klaglos erduldete, saß seine Frau Penelope in ihrem Zimmer und ahnte nichts von dem, was unten vor sich ging. Und er ahnte nicht, dass Athene gerade bei seiner Frau war und ihr sagte, was sie tun solle. Die Göttin verriet allerdings nicht, dass Odysseus als Bettler verkleidet im Saal war.

Wenig später ging Penelope mit dem Bogen ihres Mannes nach unten. Schnell wurde es ruhig. „Hört mich an, edle Freier“, begann sie. „Ihr seid schon lange hier, weil ihr mich zur Gattin wollt. Nun soll ein Wettkampf entscheiden. Hier seht ihr den Bogen des edlen Odysseus. Wem es gelingt, einen Pfeil durch die Ösen von zwölf hintereinander aufgestellten Äxten zu schießen, wie Odysseus es einst getan hat, dessen Gattin werde ich.“

Ein Raunen ging durch die Reihen.

Penelope gab Telemach den Bogen und zog sich wieder in ihr Zimmer zurück.

Antinoos wollte als Erster den Bogen spannen, doch er schaffte es nicht. Während die Freier sich nacheinander vergeblich abmühten, redete Odysseus draußen mit Eumaios und noch zwei weiteren Getreuen. Er sagte ihnen, sie sollten auf sein Zeichen sämtliche Türen verschließen. Dann ging er wieder in den Saal.

Dort gelang es auch dem letzten Freier nicht, den Bogen zu spannen.

„Lasst es mich doch einmal versuchen“, bat Odysseus.

Die Freier lachten und riefen: „Du hast wohl heimlich vom Wein getrunken und bist von Sinnen!“

Telemach erhob sich. „Als Sohn des Hauses sage ich: Dem Fremden soll die Bitte gewährt sein.“

„Schon gut“, rief Antinoos, „dann haben wir wenigstens unseren Spaß an dem Alten!“

Odysseus ergriff den Bogen und prüfte ihn mit geübtem Auge. Er nahm einen Pfeil aus dem Köcher, legte ihn auf die Sehne, spannte sie und

schoss: Der Pfeil sauste durch alle zwölf Ösen und bohrte sich in die gegenüberliegende Wand.

Die Freier waren starr vor Staunen. Und bevor sie begriffen, was hier vor sich ging, streifte Odysseus die Bettlerlumpen ab. Er nahm den zweiten Pfeil und rief: „Der Wettkampf ist zu Ende. Nun suche ich ein neues Ziel!“ Mit diesen Worten legte er auf Antinoos an, der Sekunden später getroffen zu Boden sank.

„Ihr Hunde!“, brüllte der König von Ithaka. „Wie konntet ihr es wagen, euch an meiner Frau und an meinem Besitz zu vergreifen, obwohl ich am Leben bin? Dafür sollt ihr jetzt büßen!“

Sofort sprang Telemach mit gezogenem Schwert neben seinen Vater. Ihm folgte Eumaios mit den beiden Getreuen. Und auch Athene stand ihnen zur Seite. Einige Freier zogen ihre Schwerter. Die meisten hatten ihre Waffen abgelegt und wollten sie nun aufnehmen, doch sie waren verschwunden. In panischer Angst versuchten die Freier zu fliehen und wurden von verschlossenen Türen aufgehalten. Da baten sie um Gnade, aber Odysseus erhörte sie nicht. Keiner von ihnen blieb am Leben.

Nachdem alles vorbei war, ließ Odysseus die Leichname hinaustragen und den Saal reinigen. Dann rief er nach der alten Eurykleia, die schon in Kindertagen seine Amme gewesen war. Beide weinten vor Freude, als sie einander nach so langer Zeit wiedersahen.

„Geh und hole meine Frau", bat Odysseus.

„Nichts habe ich in meinem ganzen Leben lieber getan." Eurykleia lief durch den Saal, so schnell ihre Beine sie noch trugen, stolperte die Treppe hinauf und jubelte laut.

„Penelope!", rief sie. „Odysseus ist heimgekehrt, endlich heimgekehrt und er hat die frechen Freier erschlagen!"

Penelope glaubte ihr nicht. „Ach, Mütterchen", seufzte sie, „dein Geist ist verwirrt. Du erzählst mir Märchen."

„Nein, kein Märchen, es ist die Wahrheit!", erwiderte Eurykleia energisch. Sie ließ nicht locker, bis Penelope ihr nach unten folgte.

Dort setzte sie sich Odysseus wortlos gegenüber und schaute ihn lange an. Mal glaubte sie, er sei es, dann schien er ihr doch wieder zu alt, schäbig und fremd.

„Mutter, ich verstehe dich nicht“, sagte Telemach vorwurfsvoll. „Warum freust du dich nicht? Wie kannst du so gefühllos sein?“

„Lass ihr Zeit“, sagte Odysseus. „Sie wird mich bald erkennen.“ Er erhob sich, nahm ein Bad und kam verwandelt zurück.

Obwohl er nun wie ein König aussah, stellte Penelope ihn noch auf die Probe: Sie forderte zwei Dienerinnen auf, das Ehebett aus dem Schlafzimmer zu tragen.

Odysseus lächelte. „Du und ich wissen, dass sie das nicht können. Denn unser Ehebett, das ich selbst gezimmert habe, hat einen Baumstumpf als Fuß. Es ist also mit der Erde verwachsen und lässt sich nicht bewegen.“

Da sprang Penelope auf, fiel ihrem Mann um den Hals, weinte vor Freude und küsste ihn. Beide hielten sich so fest, als wollten sie einander nie mehr loslassen.